Zhongguo Wenhua
Zhishi Duben

中国文化知识读本

主编

金开诚

编著

王泽妍

紫荆关

吉林出版集团有限责任公司

吉林文史出版社

图书在版编目（CIP）数据

紫荆关 / 王泽妍编著 .一长春：吉林出版集团有
限责任公司：吉林文史出版社，2009.12（2022.1 重印）
（中国文化知识读本）
ISBN 978-7-5463-1585-0

Ⅰ .①紫… Ⅱ .①王… Ⅲ .①长城 - 关隘 - 简介 - 易
县 Ⅳ .① K928.77

中国版本图书馆 CIP 数据核字（2009）第 236860 号

紫荆关

ZI JING GUAN

主编/ 金开诚 编著/王泽妍

责任编辑/曹恒 崔博华 责任校对/王新

装帧设计/曹恒 摄影/金诚 图片整理/董昕瑜

出版发行/吉林文史出版社 吉林出版集团有限责任公司

地址/长春市人民大街4646号 邮编/130021

电话/0431-86037503 传真/0431-86037589

印刷/三河市金兆印刷装订有限公司

版次/2009 年 12 月第 1 版 2022 年 1 月第 3 次印刷

开本/650mm×960mm 1/16

印张/8 字数/30千

书号/ ISBN 978-7-5463-1585-0

定价/34.80元

《中国文化知识读本》编委会

主　任　胡宪武

副主任　马　竞　周殿富　孙鹤娟　董维仁

编　委　（按姓名笔画排列）

于春海　王汝梅　吕庆业　刘　野　李立厚

邴　正　张文东　张晶昱　陈少志　范中华

郑　毅　徐　潜　曹　恒　曹保明　崔　为

崔博华　程舒炜

关于《中国文化知识读本》

　　文化是一种社会现象，是人类物质文明和精神文明有机融合的产物；同时又是一种历史现象，是社会的历史沉积。当今世界，随着经济全球化进程的加快，人们也越来越重视本民族的文化。我们只有加强对本民族文化的继承和创新，才能更好地弘扬民族精神，增强民族凝聚力。历史经验告诉我们，任何一个民族要想屹立于世界民族之林，必须具有自尊、自信、自强的民族意识。文化是维系一个民族生存和发展的强大动力。一个民族的存在依赖文化，文化的解体就是一个民族的消亡。

　　随着我国综合国力的日益强大，广大民众对重塑民族自尊心和自豪感的愿望日益迫切。作为民族大家庭中的一员，将源远流长、博大精深的中国文化继承并传播给广大群众，特别是青年一代，是我们出版人义不容辞的责任。

　　《中国文化知识读本》是由吉林出版集团有限责任公司和吉林文史出版社组织国内知名专家学者编写的一套旨在传播中华五千年优秀传统文化，提高全民文化修养的大型知识读本。该书在深入挖掘和整理中华优秀传统文化成果的同时，结合社会发展，注入了时代精神。书中优美生动的文字、简明通俗的语言、图文并茂的形式，把中国文化中的物态文化、制度文化、行为文化、精神文化等知识要点全面展示给读者。点点滴滴的文化知识仿佛繁星，组成了灿烂辉煌的中国文化的天穹。

　　希望本书能为弘扬中华五千年优秀传统文化、增强各民族团结、构建社会主义和谐社会尽一份绵薄之力，也坚信我们的中华民族一定能够早日实现伟大复兴！

目录

一 紫荆关概况

河北易县风光

中国河北省易县是一个风景秀丽、历史文化底蕴丰厚的古城。在易县县城西约40公里的紫荆岭上，坐落着一座历史悠久、地势险要、风景秀丽并承载着丰富历史故事的紫荆关。

紫荆关位处咽喉、地势险要，其周围山有万仞山、犀牛山、黄土岭，水有拒马河；作为长城的一大要塞，紫荆关与要塞盘石口、居庸关，重镇大同、宣化等相连接。拥有"一夫当关，万夫莫前"之险的紫荆关与居庸关、倒马关合称"内三关"，是长城的重要关口之一，并有"畿南第一雄关"之称。

紫荆关始建于战国时期，历经各代战事，几经扩建、修葺，至明代时形成了由9座城门、4座水门、19处战台，外加18160.5米关墙包裹而成的城内有城、墙外有墙的完备的防御体系。

紫荆关依山傍水、地势险峻、易防难攻，历代为兵家必争之地。汉光武帝刘秀曾遣马援出兵迎敌，大败乌桓；元太祖成吉思汗曾取道紫荆关，大败金兵；明末李自成也曾在紫荆关大举战事，攻陷关城；清圣祖康熙帝曾两次西巡至此，并在南天门立"天子阅武处"碑；清光绪年间，八国联军据关东高峰

紫荆关大茂山原始森林

紫荆关景色

以大炮复攻关城；1926 年，吴佩孚率军与北伐军战于紫荆关。据不完全统计，在紫荆关发生的战争有一百四十次之多。

紫荆关不仅地势险要，而且风光优美。每逢夏季，气候凉爽，景色怡人，山野开满了紫色的荆花，香风四溢、蜂蝶飞舞，"荆关紫气"成为"西陵八景"和"易州十景"之一。来此游山玩水、览胜观光，令人流连忘返，其乐无穷……

二　紫荆关的历史沿革

紫荆关位于易县紫荆岭上,东汉时称
五阮关

紫荆关,作为内长城三关之一,捍卫着关内人民的生活,保卫着京畿重地,历经战事数百余次,各个朝代无不重视紫荆关的战略地位。自战国开始修建紫荆关以来,历经千年,紫荆关见证了历史的起起落落。紫荆关的发展就是各代王朝实力的见证,也是各个王朝同边疆各族关系的见证。

(一)紫荆关的名称演变

紫荆关在西汉时期被称为"上谷关",东汉更名为"五阮关",因为其崖壁陡峭直立,形状就像一列屏障,故又称"蒲阴陉",列为"太行八陉"的第七陉(太行八陉排

紫荆岭

名为轵关陉、太行陉、白陉、滏口陉、井陉、飞狐陉、蒲阴陉、军都陉）。在北魏时期郦道元所著的《水经注》中又更名为"子庄关"，以子庄溪水而得名，隋唐时期又被称为"白壁关"。到了宋金时期又叫"金坡关"，但从宋朝中叶起，改称"紫荆关"，一直沿用至今。"紫荆关"一名的由来，还有一个典故。相传当时紫荆关城里里外外遍布着紫荆树，每当盛夏之时紫荆花竞相绽放，香飘万里、美不胜收，所以就有人改称其为"紫荆关"。而此番美景又被人们誉为"荆关紫气"，被古人定为易州十大胜景之一，如今这里也是河北易县一大风景名胜区。

（二）紫荆关的变迁

1. 紫荆关名称的演变及其历史故事

紫荆关名字的演变是紫荆关历史的一个缩影，其实每一个名字背后，都有着真实的历史故事。考察紫荆关的变迁，重点是要了解各个朝代之中，紫荆关在战争之中所起的作用以及各个朝代为守卫紫荆关又是如何变革相关的军事体制。

"风萧萧兮易水寒，壮士一去兮不复还。探虎穴兮入蛟宫，仰天呼气兮成白虹。"当荆轲仰天长啸唱出这句悲壮之词，燕国太子丹长跪不起，举杯敬英雄…这个故事也把紫荆关引入后人的视野。

紫荆关在历史上几经更名，最后定为"紫荆关"

紫荆关

紫荆关见证了历史的变迁

由于紫荆关与易水之间特殊的地理关系，每每提到紫荆关，便不禁让人想到荆轲，想到这位英雄的悲壮之举。"荆轲刺秦王"便与紫荆关结下了不解之缘。紫荆关的修建按现存史料分析，始建于战国时期。紫荆关作为一方险胜，又与燕长城位置相近。其出现于燕赵之际的可能性很大。

现存史料中能查阅紫荆关的，最早为"（汉成帝）阳朔三年秋，关东大水，流民欲入函谷，天井，壶口，五阮关者，勿苛留"。其中，"五阮关"即是今天的紫荆关，亦称"蒲阴陉"。时为天下九塞之一，同时也是自古以来东出太行的八陉之一。东汉建武二十一

古代发生在紫荆岭上的战事数不胜数

年乌桓举兵南下，欲入侵中原。汉名将马援正是在紫荆关伏击了乌桓大军，迫使乌桓北遁，从此很少再敢冒犯中原。

在著名的《水经注》中有："易水又东，左与子庄溪水合，水北出子庄关……"考证子庄关的现实方位，与汉代时称为"五阮关"的地理方位相吻合，然而又未见南北朝以前有过"子庄溪水"的任何记述，所以由此可以推测，紫荆关用"子庄关"一名应该始于北魏时期。今日，紫荆关向南数公里有万仁山，万仁山高峻壁立，关前盘道下乃子庄溪水发源处，所以"子庄关"为紫荆关之前身无疑。到宋代时，子庄关又易名为"金坡关",还有些人称之为"金陂"。《辽史·纪事本末》中有"鸡壁寨（砦）",其发音与"金陂"很接近,书中显示的地理位置也与子庄关相吻合。这样说来,子庄关和"金坡"应当都是紫荆关的前身。至民国时,在关南30里处仍有村曰金坡,由村而东为赴易州要路,所以推断金陂、金坡、鸡壁三者当均是指紫荆关,其出入是音近或形近造成的。

至于"紫荆关"之名,也是有着自己的典故的。其名则是来自于遍布紫荆树的紫荆岭,其名始见于南宋嘉定二年,是年元太祖成吉思汗大败金兵于宣德、怀来,兵临居庸

倒马关

紫荆关的历史沿革

关下，准备一举攻下金中都，然而金兵凭险据守，元军久攻不下，"蒙古主乃自以大兵趋紫荆，败金兵于五回岭"。五回岭就在今天的紫荆关南边，于是元人进金史表曰："劲卒居庸关，北拊其背，大军出紫荆口，南扼其吭。"元军于是轻取易涿二州，由里向外反攻居庸关。于是，金兵便被击溃。

紫荆关扼太行八陉之蒲阴陉

2.紫荆关的变迁

发生在紫荆关的战事不胜枚举，除了前面提到的汉与乌桓之战、宋辽和战、蒙金之战外，元朝致和初年，"上都诸王忽剌台等入紫荆关，游兵逼大都城，南燕帖木耳败之于卢沟桥，乃却"。由此而知，即便是在王朝大一统的和平景象下，依旧不能放松对紫荆关的守护。由前面的论述可以看出，紫荆关是迫于长城外民族的威胁，才得以正式设关修建的。以后历代王朝也都是为了防卫关外民族的入侵而对紫荆关加以巩固、修整。而明王朝对紫荆关的防御重视程度也达到了空前的地步。下面就介绍一下明代及其以后紫荆关的战略地位及其关城军事设防体制的变迁。

（1）明朝时期的紫荆关

朱元璋十分重视长城沿线的防守。朱元

璋在统一北方后，大将华云龙就曾进言朱元璋说：紫荆关、芦花山为军事要地，应该在两地设千户侯来守卫。朱元璋听取了华云龙的意见。值得注意的是，史料记载紫荆岭上曾有旧关一处，但明朝时就撤去了旧关，设置了现在的新关。至于旧关是哪个朝代修建的，建于何处，现在已无法考证。

明成祖朱棣迁都北京，大明国战略重心北移，显示了此时明王朝军事实力的强盛与出击蒙元的决心，史料记载"国朝永乐二年始设茂山卫百户一员，领军守之"。其实，明成祖的多次北征，军队进入蒙古

内三关构成了京都西部的坚固防线

紫荆关

紫荆关是万里长城九大名关之一

紫荆关的历史沿革

明王室加强了紫荆关至倒马关一线的长城防守

实力内地，大大牵制了蒙古势力对明军的威胁，减轻了长城防线的压力，给相当薄弱的长城防守留下了很大的喘息空间。但伴随着明朝中后期国力的亏空与蒙古的复苏，长城沿线的防务再度被重视起来。需要明确指出的是，明初的长城防守体系并不像我们今天在地图上标注的那样由北京怀柔至山西老营分为内外两道防守，在明朝的很长时间里，都只是在对外长城进行着不断地修筑填补，内长城的城墙与墩台的完善，是明中后期的事情。也正是基于此点，一旦宣府、大同一线的城墙被蒙古骑兵掘口而入，紫荆关将直接面对来自大同、沿拒马河东进的骑兵与从宣府南下，攻居庸不下的两股火力的威胁，"在今日受虏患，必宣大失守，而紫荆之云火明"。这种形势下，在山北坡地上屯兵筑城，既可控制城下东西向的拒马河河道，又堵住了南北走向的山陉，无疑为首选之策。不仅如此，"正统十四年设守备指挥"。设守备独辖一城的军务，更使明军在紫荆关的防守初步形成了规模。

有趣的是"正统末，亲征也先，至大同乃议旋师，诸将皆言宜从紫荆关入，王振不从，遂有土木之祸"。英宗被俘于土木堡，明军溃败。"未几，也先至大同，入犯紫荆

此处为内长城，向北通往内三关

紫荆关的历史沿革

关，拥上皇而南"。企图一举灭亡明朝。
"十月丙辰，（太监）喜宁引虏骑攻紫荆
关，副都御史孙祥与之相持四日，虏骑由
他道潜入，腹背夹攻，关破"。"副都孙
祥、指挥韩清、太监阮尧民俱死于阵"。
于是也先骑兵迫进都城，在遭遇了于谦率
重兵组织的严密防守后，"也先遁去，其
弟伯颜帖木儿复奉皇驾出紫荆关"。如此
惨败之后，明朝人意识到"言昨紫荆、居
庸等关，既不能御敌之路，又不能遏敌之
出，虽名关塞，实则坦途，盖士伍单敝，
亭障缺贬，隧纵横而然，非朝夕之积也"。
明王室在一方面修复、扩大宣大一线长城

紫荆关关城

紫荆关

规模的同时，更加日益严密布防起了居庸关以南，经紫荆关至倒马关一线的长城防守。今日之所谓"内三关"，即由此而来，"景泰二年复增城池，调保定右卫中千户所官军守御本关"。"景泰三年添设真定、神武二卫官军，春秋两班轮流操守"。至成化年间开始设军"岁于关备冬"。"弘治四年高铨言紫荆之险实被拒马间界破，若莫掩，请即其地增筑城堡，拨军戍守"。于是创设河北堡城墩台，直至此时，紫荆关的防守体系才严密起来。其间"天顺三年卜来等寇大同直抵忻代，诏帅臣颜彪、冯宗率兵屯紫荆、倒马二关，为声援，既而石亨欲以大同叛，尝

紫荆关南门

紫荆关的历史沿革

紫荆关景区

言据大同，塞紫荆，京师何由得至"。可见当时紫荆关防守的重要性。

经过修善后的紫荆关的防守体系，大大突出了其层次性、立体性。由先秦以至金元，发生在紫荆关的争夺可谓不少。然而其战略水平却只停留在对局部山口孔道的控制与反控制上，以至于往往一关失守而满盘皆输。或许正是取鉴于土木之耻。"紫荆负山临河，势非不险，而近在内地，不足以据一关之枢，所恃为固者群隘耳"。而固守群隘之道，在冷兵器装备的明朝人来看，莫过于修筑长城了。然而，"紫荆关西自白石口历湖孩（今胡海口），宁静

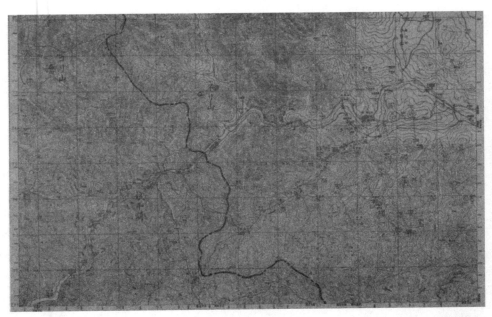

紫荆关地理位置十分险要

庵，浮图峪，乌龙沟，西北则金水、马水二口，北抵大龙门、沿河而止，层峦区曲障，几四百里风马牛不相及，但得一道便可驰入……""嘉靖三十二年，俺答入大同。趋紫荆关，急攻插箭岭、浮图峪，官军拒却之"。当时最有效的防守措施，便是修筑坚固高大的城墙。至于这一漫长的修筑工作的严肃性，单是从保存下来的密集得惊人的敌台和高大的墙体上便可反映出来。在距离紫荆关较近的乌龙沟与马水口两处口隘，长城的完整程度和其辅助防御设施的配置都丝毫不逊于久负盛名的八达岭。根据《西关志》的统计，紫荆关所统辖的长城隘口，以金水口、盘石

远眺紫荆岭

口、黄土岭口、奇峰口、乌龙潭口、马水口、大龙门口、沿河口、浮图峪、乌龙沟、白石口共十一处最为险冲。而在各隘口之下，又多有边地居民出入往来于边墙内外的豁口共计九十二处。从今天的明长城保存情况来看，自涞源县西七亩地村始，东至北京门头沟沿河城乡止的紫荆关辖域内，除因山险而未筑墙的地段外，共保存有明代边墙二百一十华里，砖砌敌台三百三十九座（多保存较好）。如此密集的防御设置，与明代九边十一镇中的其他任何一处相比，都绝不逊色。

如前文所述，紫荆关关城初建于正统初年，是为旧城。"长三百八十丈，夹城一道，长九十丈。南门楼二座，南水门三空，北门楼一座，圈城重门，东水门一空。城楼四座，城铺五间"。经过实地考察，发现在关城北部，由于城墙紧依拒马河岸而建，墙体的变化不甚自由，又由于景泰年后屡次的扩建、加筑，旧墙已经很难见到，只在个别新墙坍

紫荆关遗址

紫荆关的历史沿革

城墙

塌的地方暴露出来（如北门西侧）。不同于新城的地方在于旧城的墙剖面呈梯形，而非今日普遍的长方形。新旧城墙均是以花岗岩条石为座，内以碎石土填充，外包青砖。新墙的墙体在旧墙的基础上增厚了近一米。应当说明的是，明代长城的墙体建筑，除了以紫荆关为代表的砖石混合型外，还有土墙、碎石墙、山险墙、木墙等等多种类型。仅紫荆关周围的几处长城险冲，就存在着不同类型的墙体，所以绝不可以单凭墙体的类型判断其构建年代，应当综合分析其周围地势地区特点等诸多相关因素。至于新墙，则始建于景泰元年，"长六百八丈五尺，夹城一道，长五十七丈，梢城一道，长八十丈，南门楼一座，圈城二十七丈，南水门一空，北水门一空，东门楼一座，角楼一座，敌楼一座，城铺八间"。其规模明显大于旧城，这很大程度上是土木之变影响的结果，除了"弘治二年添设本关河北迤西堡城一座"及"成化十一年建立南石门一座"外，嘉靖、万历直至崇祯朝，都在不断地修筑与完善紫荆关。今天所能见到的紫荆关遗址，从规模上讲最后完于嘉靖二十年。

《易经》曰："地险，山川丘陵也。王

紫荆关北临拒马河，直通居庸大同

公设险以守其国，御戎上策，其出此乎？然险而曰设，必因地势之险而用人力以修为之也。又曰以守者，盖守不可以无险，而险不可以无兵。"明朝"土木之变"后，明正德三年，在紫荆关设参将职衔，以重兵把守紫荆关；到正德九年，明武宗又进一步在紫荆关设置副总兵，常驻关城的守军有时近达一千二百人。明嘉靖二十年"新添保定卫常守官军八百五十二员，二十六年三月新添茂山卫常守旗军六百三十九名"。难怪明人叹曰："方今沿边之守，有营有堡，有墩有空，有巡探有按伏，有备御以分其徒，有将领以总其权，有游击以备调发，有总领以司机权，防守之道备

在清代，紫荆关的战略要地的地位并未改变

紫荆关

紫荆关的历史沿革

易县清西陵

紫荆岭风光

紫荆关

河北易县西陵

矣"。

（2）清朝时期的紫荆关

　　清朝入关以后，长城的历史角色开始变化。但紫荆关作为重要的交通孔道，依旧有重兵把守，"初设副将，康熙三十二年设参将驻易州城西紫荆关城辖本营，并分防三讯兼辖白石口、广昌、插箭岭、樊山四营"，有"守备一人，千总一人，皆驻本营，把总三人（分驻本营、浮图峪、乌龙沟）"，与明朝时的配置相比，控制西出太行之路仍是紫荆关的主要职能。但从其把总驻所来看，浮图峪—宁静庵—白石山一线的防守已渐被忽略，这显然是失掉了北防蒙古的巨大压力的结果。雍正始葬于易县西陵，又赋予了紫

紫荆关镇

荆关以特殊的使命，尽管清帝拜谒西陵走的是房山—良乡—易县梁格庄之路，却并不妨碍紫荆关在有清一代的长时间内保持着相当重要的军事地位，康熙帝亦曾在拜谒五台山的归途中在紫荆关阅兵，后人记"（关南）东石壁嵌石碑二……其一镌曰天子阅武处，乃清圣祖幸五台驻跸于此"。

在现代化的交通时代到来之前，紫荆关以其特有的地理优势，控制了路通华北，出入太行的几条重要交通线路。由京师而西入太行，或走居庸，或走紫荆；由大同而南过雁门，欲取保定，必先攻飞狐、紫荆。

明人有叹曰"真保之图，南自马陵诸山，迤逦至紫荆，复东折而抵居庸，其险隘有疏密，因之防守有冲缓，要以紫荆为之要害焉"。东自天津入晋，紫荆首当其冲，"运货经此者颇多，盖涞源，蔚县之货，取诸保定、满城、完县，或仰给涞蔚之粮，此关当四县之冲"。可见无论是由宣大南下，或是由京津西行，紫荆关都是必经之路。989 年，宋端拱二年，契丹统和七年"正月，契丹陷宋易州，遂据之。三月，契丹开奇峰路，通易州市"。"参将守此，每一驮纳铜币二枚，为历来之规费，至今（1916 年）未革也"。至 1900 年八国

紫荆关为长城八大关之一，始建于战国时期，素有"畿南第一雄关"之称

紫荆关的历史沿革

联军入侵，占天津，攻保定及周围地区，"庚子之役，升允帅晋威军屯广昌，守紫荆关。九月十一日，竟为联军所袭"，"联军间道据关之东高峰，用大炮俯攻之，升允退至广昌，遂以不守"。自此而后，紫荆关的"中兴史"结束了。

清末政局腐败，李鸿章为讨西太后慈禧欢心，特意修筑了从高碑店至易县梁格庄的一段铁路。新筑的这段铁路与北京至保定的铁路连接，大大方便了西太后拜谒西陵的出行。这条铁路的货运价值并不大，旅游价值也较有限，"每早7：30始于正阳门，后至高碑店换车，12：30至易州，

新筑的铁路方便了西太后拜谒西陵的出行

紫荆关

为京汉支路。车站仍沿旧称为易州车站，在易州东门之北三里许"。即便如此，根据史料记载，往来易县与北京仍很是不便。日伪时期又不断受到抗日军民的破坏，终于在解放前被国民党政府陆续拆掉了。但它的出现与存在却直接影响了紫荆关的发展。铁路的开通标志着一个时代的开启，铁路的延伸促使易县周边不发达地区的物资开始向易县集中（特别是涞源及山西东部的灵邱等县），原先高大宏伟的长城"高下随山势颇坚固，年久失修，渐有破坏处"。近而又有时论"易县紫荆关一带边墙，古人用以防蒙古之长城，其实近日汉蒙一家，徒留此为交通障碍

八路军再次光复紫荆关 (1944)

紫荆关的历史沿革

033

物也"。

（3）民国时期紫荆关

民国时期，铁路沿线的城镇运输业相应得到了发展，开始办起了一些客栈、货栈和车马店，其中经过紫荆关的就有由高碑店至蔚县、宣化一线。然而即使如此，紫荆关仍然处于衰落之中，"商务不甚繁盛，商号六七，在北门附近"。由于经济活动低迷，直到1938年，"晋察冀边区为沟通察南、平西和冀东等根据地的政治、军事和经济联系，才将这些自古以来的小路和驮运路开辟为山区道路"，汽车依旧不能通行。民国三十年（1941年），日军出于侵华的需要，重点修筑了易县—紫荆关—涞源浮图峪一段公路，以后又多次修

抗日战争时期，紫荆关成为政治、军事、经济重地

紫荆关

补，由霸县至紫荆关段铺筑了碎石路面，宽度 3.5 米—12 米不等，勉强可以通车，但屡遭抗日军民破坏，时通时阻，紫荆关至驿马岭不能通车。同年"五一大扫荡之后，我冀西四分区开辟了东通高碑店、保定、望都、定县，北通蔚县、宣化，西通广灵、五台的地下运输线"，很明显这个运输网的中心枢纽就是易县紫荆关。从战略高度来分析，紫荆关处在由华北平原进入太行以至山西高原的孔道上，同时由于其北至宣化南至保定一线恰好是敌我双方势力渗透的山地向平原过渡地带，战斗进行得频繁并且惨烈。1942 年

蔚县草原

的冬天，八路军在此奇袭日伪军胜利，大大打击了敌人妄图控制紫荆关、进而西进的企图。

涞易等县之物产，除煤炭外，以金属矿石和烟草为最大宗。矿石的出口要依靠快捷的运输，民国时期规模尚小，烟草的出口规模虽大，却多靠铁路流向北京等周边大城市，与紫荆关并无太多联系。"粮食谷物出口者，以绿豆为多。输入者，小麦为多"。按前文所引材料分析，涞、蔚、满城、完县区域内当有一定的物资交流需经过紫荆关。其时最盛者，莫过于牧羊业，

"易县山坡地宜牧羊，每年羊市驱赴京者十三万头，与张家口羊商角逐，紫荆形胜，不让居庸，牧羊状况相似，特不当大道，知者少也"。每年征收的羊税当不少。其余见于史料者有"（紫荆关）关口外率多栗园，绵亘数十里，军民赖之，系彼处寺中所主，为常住资供之产"。又有党参等土产，然而总的来讲，涞易地区仍属于河北省较贫困的地区。

（4）新中国建立后的紫荆关

解放后，出于工业发展的需求和战备设计，政府从 1958 年起开始准备兴建由北京经紫荆关至原平的京原铁路（1971 年 10 月完成），然而由于资金和管理上的缺陷，京

京原铁路

紫荆关的历史沿革

拒马河

原线直到 1973 年才交付使用。并且在随后的 8 年中，由于石景山南—（紫荆关）—灵丘一线的铁路供电问题无法解决，直至 1983 年，伴随着供电设备和线路的完善以及入晋的驿马岭隧道的合理改造完成，京原铁路才逐渐成为晋煤外运的主要辅线。在公路建设方面，从 1965 年开始按三级路标准修筑了北京—涞源—昆明的公路，该路于 1969 年铺筑完涞源段，公路途经紫荆关并由此处过拒马河。另外，国家自 1971年起逐步改建了易县—泥瓦铺—紫荆关—

紫荆关大桥

辛庄一段的沟通保定—大同线的公路。并
最终于 1974 年与京昆公路在紫荆关汇合。
1978 年开通了涞源—北京的长途汽车。改革
开放后，特别是 20 世纪 80 年代中期以来，
随着农村人口大量涌入城市，乡镇企业的蓬
勃发展以及京郊旅游业（以十渡、野山坡为
首）的兴旺，京原铁路和北京—易县—涞源
的公路也都遇到了新的问题和机遇，紫荆关
也同样受到了这种局面的影响。由于两大公
路从城内穿过，紫荆关负担起大同经涞源、
高碑店至天津，浑源经涞源、通县至秦皇岛

乌龙沟长城始建于明万历年间，是内长
城的一部分

两条晋煤外运线路的服务问题，文物保护
与城镇发展同步进行的课题正日益严峻起
来。

（5）紫荆关现状

现存的紫荆关城，平缓处多以花岗岩
条石砌筑，筑于坡地的段落则依旧城体例，
下以花岗岩条石为座，上砌青砖封顶并遍
砌垛口。据实地调查，关城四面原各有一门。

紫荆关城门

其中南、北二门为交通孔道；北门靠拒马河，朝东开，石券门洞，门额有匾两重，上重题刻"河山带砺"，下重题刻"紫荆关"；南门与北门遥相呼应，朝西开，门额亦有匾题"紫塞金城"。此二匾均为万历年间所书。据当地群众介绍，原来城南门外有一瓮城，瓮城有门，当地称其瓮城南门为"南天门"，门额原有匾书"畿南第一雄关"。今门与匾

紫荆关碑刻

早已被毁。在南天门瓮城与现存关城南门之间，尚有一道高大的墙体，亦有门与水洞，其建筑年代不详，但必是明代工程无疑。出南门继续前行不过三百米便是分水岭，过岭口下山便是著名的"盘道之险"，当地又称"十八盘"。而在关城北侧高坡地上另中有一堡城与正城隔河对峙，当地俗称三里堡，原有"东西门楼二座，角楼一座，敌台二座"，今附属建筑早已荡然无存，只剩有与正城等规格的高大的北墙。

在被毁的东门、西门之外，即紫荆关城两翼，各有城墙向两侧延伸。东门外城墙止于紫荆岭上，今靠近山角部分保存尚好，山顶的墙体则一方面由于修砌简单，一方面由于自然损坏严重，早已不堪辨认；向西的梢城与北墙一脉相承，沿河顺山脊而行，今有保定至大同的公路穿城墙豁口而过。过豁口公路南的城墙上尚存有两座残破的空心敌楼，墙体向西五里左右至大盘石村而止。紫荆关整座关城依山就险，站在西、北侧的城墙上，可俯控拒马河的整个开阔河面。据说原来在河床上有铁索封锁河面，以利防守。遗憾的是，今天此景也已不复存在。

万里长城紫荆关

紫荆关

至于城内的具体情况，现在很多已经无法考证。根据史料记载："街市夹山溪，溪水北流，出北城石闸入拒马河，路西山隅为参将营……折而西为清军厅，今已裁撤，现为易县警察西二区驻在所。城据山为之，内包山一，上建军器库，居民多是绿营兵，住城西偏。"又有记载说：路旁还建有三忠祠，据说是正统十四年北方游牧民族重兵攻入紫荆关，紫荆关副都守孙祥与指挥官韩清、太监阮尧民都战死于紫荆关，皇帝获知此事，很是感动，就主持建造了"三忠祠"，遗憾的是，由于战火频繁、又加上后继朝代新的防御建筑的修建，三忠祠已荡然无存。新城东西两侧各有察院一所，通判公廨以及守御

紫荆关残垣

城门有两个，一个走人马、一个行流水

千户所俱设在城内街北，另外建有镇抚公廨、吏目公廨、申明亭、仓官公廨各一所。在旧城内曾设有总兵公廨在街南与参将公廨隔街相望，此外还有小官厅一座，除以上"政府机关"外，新城西隅还设有仓场一所，旧城南山有草场一所。城西山上靠近敌楼有神器库九间及千户所库楼一间。至于兵器，则寄放于各城楼之中。城北门

紫荆关

门券上两块匾额仍依稀可见

紫荆关的历史沿革

易县民居

城墙

外还有大小教场各一处。

　　历经战火与自然破坏，紫荆关已损毁严重，很多主要建筑，都已成为残垣断壁，修复保护工作迫在眉睫。其实自建国以后，易县政府出于文物保护与旅游资源开发，已进行多次修整。但由于关城布局结构复杂、起伏曲折，而且又多有地段已经为地方百姓利用，建造了民宅或仓库，不利于对紫荆关进行大规模的修复，所以现在当地的文物保护单位迄今所能承担的，主要还是对重点地段的发掘和保护。

三　紫荆关景观

紫荆关

紫荆岭风光

紫荆关城墙仍非常坚实

《荆轲刺秦王图》局部

（一）紫荆关的修建历史

紫荆关，作为长城上较为古老的关口之一，其修建的历史是伴随着长城的修建而进行的。紫荆关是一个防御性的关隘，其整体布局与内部具体设置都服务于战争。

紫荆关开始修建时是在战国时期，公元前7到公元前3世纪的春秋战国时期，各诸侯国互相吞并，形成群雄并立混战不断的局面，他们在自己的边境先后筑起长城以自卫。据说，紫荆关曾是战国燕赵的边界，"荆轲刺秦王"中的荆轲就是从这儿踏上了那有去无回的征程。汉代，为抵御匈奴，着手大规模兴筑长城以巩固边陲，便以土石为料重新夯筑紫荆关。后历经各代扩建、修葺，遂成现在的规模。

明朝建立后，为防范元朝复辟及鞑靼、瓦剌、女真、吐蕃等北方及西北少数民族骚扰，在北方不断修筑长城，并且为抗击外国入侵，在东南沿海要地也零星筑了一些长城。明长城之多，是历代之最。而紫荆关在历代的修筑规模中也以明朝最为宏大。见于史志者："洪武初年，筑旧城一座，新城一座。"南天门为"明正统初年改筑为南天门，额书'畿南第一雄关'。"明弘治十七年开始修建盘道，崇祯四年明将赵至远重修关城，据山而立。"河山带砺""表里山河""阳合

乌龙沟长城

紫荆关景观

光复紫荆关

门"都在明朝万历年间修建而成。

紫荆关长城的建筑原料分为料石、城砖、毛石、夯土四种质料。关城北垣沿着拒马河四百米的墙体均用料石垒砌。据有关专家推断，通体用料石垒砌的城墙仅此紫荆关一处，这在我国长城建造史上也是独具特色的。因此，在明朝时期，修建规模和修建质量都有很大提高，以提高其坚固程度，增强其防御能力。自从明成祖迁都北平（北京）以后，更是大兴土木，修城建关。在正统、景泰、弘治、嘉靖、万历、崇祯年间，都曾有改筑、扩建关城，增设城堡、关口，开凿盘山道等的记载，使紫荆关形成了一个由9座城门、4座水门、19处战台，外加18160.5米关墙包裹而成的城内有城、墙外有墙的完备的防御体系。

清代、民国期间，紫荆关也曾作为一些战役的主要战场，关隘多有毁圮。建国以后，易县政府曾多次修整。但此时修整的目的已不再是战争防卫之目的，而是作为文物古迹保护的修整，这座历经千年战争风雨的古关终于可以卸下满身重甲，像一位安详的老人，给来来往往的游人讲述那千年的故事。

"万里蜿蜒壁，千峰拥塞门"的紫荆关

于是，历经千年的修葺、整建，紫荆关便有了"一夫当关，万夫莫开"之险，并有着"畿南第一雄关"的美誉，下面就让我们逐一认识紫荆关构造上的一城一池，了解它的每一处景观。

（二）紫荆关的构成

紫荆关的构成颇为复杂。据说，古代战争之时，不了解紫荆关城结构布局的敌兵，即便攻进关城，也像入了迷魂阵，最后只能被守军歼灭。紫荆关为何如此易守难攻？想了解这个答案，还是让我们先来详细了解紫荆关的构成吧。因为紫荆关这个历经千年战火洗礼的关隘，其"易守难攻"

紫荆关镇

依赖于独一无二的地理位置，更依赖于其内在的防御工事的环环相扣以及与地形的天衣无缝的结合。下面就让我们认识紫荆关的部的详细构成，来想象千百年来，守卫的战士是如何击退来犯敌军的。

从内部构造上看，紫荆关的关墙总长18160.5 米，共有城门 9 座、水门 4 座、战台 19 处。以城内真武山为中心，城墙依山起伏，向四外延伸，形成四个不规则的城圈，大城套小城。若在高空俯瞰关城，酷似一朵梅花形状。这种顺山势而建的布局，作战时可互为呼应，每个城圈又可独立作战，自成防御体系，具有很高的军事价值。历经岁月

燕长城遗址

与战火的洗礼，关城内仍保存有城墙1.2万米左右，仍保留三座城门、三座水门、两座敌楼。紫荆关巍峨险要之势风格仍存，仅看到那些残垣断壁，即可想到曾经紫荆关的宏大规模，更给人一种跨越时空的想象空间，曾经的铁马冰河，曾经的烽火连天……

据县志记载："长城经易者凡三，一为战国时期燕长城。"即是指由安肃县（徐水）入境，经过曲城、城阳、塘湖村的燕南长城，是当时战国时期的燕国建筑的。"一为内三关长城，南起太行南端的邢台县宋陈口，向北行经固关、娘子、龙泉、倒马、

紫荆、居庸等关向北而合于内边大长城……，
也是开始建筑于战国时期，系战国时期之中
山长城遗址"。紫荆关作为一个关口的出现，
在战国时期南北纵贯的长城中就已经存在
了。紫荆关现在的规模，上面已经说过了，
主要是明朝为了防范北方各族的侵扰，在原
来旧城的基础上，多次进行修葺和扩建的。
而对于战国时期的长城遗存下来的记载，可
惜的是，已经没有实物可以考证了。"三为
内长城，此为大长城内之重城，明代称为内
边，西起黄河崖的保德州，向东经过偏关、
宁武、雁门、平型、紫荆，向东到达居庸……
此城始于北齐、北魏而明代修葺之"。此城

涞源境内的明长城为内长城，是北京
及河北平原的内防线

紫荆关景观

墙走向经易者，即是说东线墙体、关城、西线墙体，其始建年代可追溯到北齐、北魏时期。紫荆关为南北长城和东西长城的交汇点，可见，其军事战略价值何等重要。

1. 紫荆关的内部构造

紫荆关内部军事构造皆依地势而建，依山傍水，所建城墙、关城、栈道环环相扣，相互呼应，互为掎角，浑然一体。由此建构，易守难攻也是自然。这也充分体现了我国古代建筑的精湛技艺与军事上的高超谋略。下面就以其重点构造为线索来介绍一下紫荆关的内部构造。

（1）一重门

内长城从居庸关西南经河北易县延伸

紫荆关

一重门即是从一马平川的华北平原进入紫荆关的第一道关门，建立在今天的坡下村的峡谷中。门两边的边墙自关门向东西两翼伸展，蜿蜒直达两山峰顶。门额上赫然镶嵌着石匾一方，横书"紫荆关"三个遒劲的大字。想象一下，今日石匾下赏花玩草、凭旧怀古的游人与当年临危受命欲据千军万马于关外的将军那迥然不同的心境，你又作何感想？第一道关门前有一座营房，用于屯集兵力与战备物资，旁边还有一座庙宇，为何有此庙宇，将军在此向天子血誓卫城，战士在此祈求神灵护己。遗憾的是这些建筑在岁月的长河中已坍塌毁坏，但其遗址尚清晰可辨，石

拒马河

紫荆关景观

紫荆十八盘

屬也在民间妥善保存。慕名前来凭吊的游人，不用千军万马的呼啸，就是看到这些遗迹，闭上眼睛仿佛就能看到那硝烟弥漫、血腥充溢的战场。过第一道关门往里走，首先映入眼帘的是通向关城的著名的紫荆"十八盘"。

（2）紫荆"十八盘"

荆关城的十八盘古道，全长约10公里，纵向深度2.5余公里，远看像随风飘浮的玉带一般。明朝嘉靖十二年间（1533年），荆坡道人在重修紫荆关盘道记中云："南有石径十八（盘），由底升巅，崎岖若羊肠之险，东倚于岩旁，后天之畔，西临乎洞壑，蟠地之绝崖。然则南城两都，北极边陲，迁客骚人多游于此。我朝所以设关，凭此险……"可见，古十八盘既是内地联系北方各族人民的必经之路，又是抵御外族南犯的自然天险。沿盘道攀行至顶端，便是巍峨的南天门。

（3）南天门

南天门西侧有通向军营的关门一座，关门东南侧额题"阳和门"，东北侧为"草场门"。关城池布局复杂、纵横交错，原关城总长10516.5米，现部分残缺。主城

拒马河是发源于河北境内唯一一条不断流的河流

南门门洞里的革命标语

分为东、西两部，中间以墙相隔。东城较小，设有文、武衙门；西城较大，为驻兵之地。阳和门外有黄土岭城，拒马河北岸有小新城，与西城隔水相望，中有铁索相连，呈掎角之势，为北关城的前哨。南天门券拱城门额上嵌有石匾阴刻横书"畿南

南门上方书写貪'紫塞金城"四字

第一雄关",可惜早年石匾已同南天门一起
被毁掉了。

（4）南门

过了南天门，要经过二重门，此门无门
额，与南门相错开，一侧建有水门。两侧有
八字墙向左右伸展开来。下面才能到紫荆关
城的南门。虽名为"南门"，此门坐东朝西，
为石券拱门，门额上嵌有匾题"荆塞金城"
四字，并于左右分别署有"万历十七年岁次
乙丑孟秋吉日立"和"钦差总理紫荆关兵备
按察使刘秉星直隶保定府管官通判宋应试钦

傅光宅书"河山带砺"

差分守紫荆关参将韩光"等字样，进入此门之后，才算真正进了紫荆关城里。

（5）北门

即"河山带砺"门，是紫荆关现存较好的一处。北门门额二重，上题"河山带砺"，下题"紫荆关"。出北门即是水流滔滔的拒马河，因受自然条件的限制，北门向东开。北门在紫荆关中是极具代表性的，城门以及城墙都是由青色的巨大花岗岩砌成，透露着一种历史的沧桑和厚重感。北门外是滔滔拒马河，也许是北门朝东开着的一大原因吧，北门有瓮城，里面券上有"表里山河"匾额，"表里山河"意思为，表里：即内外。外有大河，内有高山。指有山河天险作为屏障。此语出处为《左传僖公二十八年》："子犯曰：'战也。战而捷，必得诸侯。若其不捷，表里山河，必无害也。'"高高的城门及垛口以下当为明清旧物，共有两重门额，门额上题有两层字，上层题的是"河山带砺"，上款为"万历丁亥夏"，下款为"聊城傅光宅书"，下层题的是"紫荆关"，字迹虽饱经千年的战火与风雨洗礼，但仍可见其字迹苍劲有力、浑厚古朴。北门上题写的"河山带砺"还是有一定来历的。汉代封建王爵盟誓时便已使用过"河山带砺"。上古时，河专指黄河，《孟子》中有"河内凶，

门券上方分别书写"河山带砺"和"紫荆关"字样

紫荆关景观

紫荆关是内长城的重要关隘之一

便移民河东"之语，属专有名词。山指泰山，亦为专有名词，古时将泰山作为祈天之所，为五岳之首，凡有德之君王均可到泰山封禅。始皇帝无德，泰山封禅后病死于途中，汉武帝泰山封禅使泰山声威大震，历代君王不敢轻易到泰山封禅，怕遭天谴。"河山带砺"意为当黄河如衣带泰山如砺石，表示时空跨度极大，比喻国运长久。但也有人认为，题写在南门上的"河山带砺"应该有其独特的含义，可以作如下解释，河为流经紫荆关的拒马河，山为紫荆关所在的紫荆岭及周围大山，带可做环绕解。东汉的《说文解字》一书中对带的解释为盘绕在男子身上的绅或巾，可理解为腰身

紫荆关北门

上的大带子。唐代诗人王勃在《腾王阁序》中赞美道："襟三江而带五湖……"此中的襟、带二字当然不能作为名词使用。这里的带，是做环绕理解。砺，为水中的石头，或为磨石。其意为山水环绕的石城。这样的解释也是颇有道理的。

（6）北门瓮城

瓮城，又称月城、曲池，是古代城池中依附于城门、与城墙连为一体的附属建筑，多呈半圆形，少数呈方形或矩形。在中国的主要关塞上都有一个或几个瓮城，当敌人攻入瓮城时，如将主城门和瓮城门关闭，守军即可对敌形成"瓮中捉鳖"之势。紫荆关的

南门西侧的旁门

瓮城也极具代表性，北门瓮城门券上的题字是由明代万历年间山东聊城人傅光宅所写，字体刚劲挺拔、流畅自如，与整个关塞巍峨雄浑的气势十分相称。站在城门上抚摸着高大的垛口，抬眼一望，四周群山环绕，高峻巍峨，一股浩然之气顿时充溢胸间。可以说，瓮城的修建是我国古代防御工程建设的重要典范，因为瓮城的设置不仅增强了城门的防御力，还是设计者"国有利器，不示于人"的道家思想的集中体现。

（7）小金城

同瓮城一样，小金城也算是城中之城。小金城，是修建在紫荆关城外城墙沿线上的。城的轮廓大致呈长方形，北边靠着屏山，南方接近拒马河，与关城隔河相望，形成掎角之势。小金城原来建有东、西两扇大门，东为"迎晖"，西为"靖远"，城内建有三街六胡同，平时为后勤保障之地、练兵之所，可以囤积粮草、驻扎戍卒，等到有战争时可与紫荆关城遥相呼应、互为救援。同样的小城在紫荆关还有三座：小盘石城、奇峰口城、官座岭城。这些城的设置使得紫荆关真正实现了城中有城、墙中有墙之势，易守难攻也在情理之中了。遗憾的是，

空中草原

四座城堡因年代久远、历尽沧桑，由于人为和自然力的破坏，现在已经是断壁残墙，面目全非了。

（8）三忠祠

三忠祠，是建在主城内的一座祠堂，但历经战火，现已毁坏。三忠祠是明朝时为纪念三位守关将领而修建的。这背后还有一个真实而有趣的故事。据说，正统末年，明英宗亲自率大兵进攻也先，妄图一举消灭也先。等大军行至大同，英宗决定班师回朝，很多将领都主张从紫荆关进入关内，但唯有皇上的宠臣王振不同意。英宗听信王振谗言，不久便被俘于土木堡，明军溃败。

如今已不见三忠祠的踪影

紫荆关

紫荆关长城如今已被拦腰截断

没过多久，也先大军攻回大同，侵占紫荆关，并挟持明英宗，企图灭掉大明。据明史记载"十月丙辰，（太监）喜宁引虏骑攻紫荆关，副都御史孙祥与之相持四日，虏骑由他道潜入，腹背夹攻，关破"。"副都孙祥、指挥韩清、太监阮尧民俱死于阵"。于是，皇帝为表彰三位英雄，便主持建造了"三忠祠"，以示后人。

（9）主城

据资料记载，紫荆关主城分东、西两部分，中间用墙互相隔开。东城设有文武衙门，西城为屯兵驻军之所。近处有阳和门外的黄土岭城，拒马河北岸有小新城，与主城的西

城墙

城隔河相望,有铁索相连,是为关城的前哨。关城东、西、南三面墙外有墙,形成环抱于主城外的三座小城池,军事上起到对主城的缓冲作用。但今天这个完备的防御体系已无法看到。紫荆关关墙总长18160.5米,共有城门9座、水门4座、战台19处。雄关壮丽,地势险要。古代文人描述这里是"万里蜿蜒壁,千峰拥塞门。风雄秦上谷,气压赵楼烦"的"紫塞金城"。

从整体布局来看紫荆关,以城内真武山为中心,城墙依山起伏,向四面延伸,形成了四个大小不等的半圆形,大城套小城,外围城墙面对犀牛山顶,东至孤松树梁,南到南天门，北临拒马河，若站在高空俯瞰关城，酷似一朵盛开的梅花。这种独具匠心的建筑布局，既可对外联络指挥，又可进行自卫防御、独立作战，真可谓是进可攻，退可守，具有较高的军事价值。紫荆关城外建有三道翼墙，向西经过小盘石、大盘石和涞源浮图峪城堡相连接，这里只有小盘石村南瓦窑安口的一段墙体至今保存最好，其垛口、女儿墙都没有遭到损坏。向东经过大雁沟口、君玉村、官座岭口、奇峰口至桑园，此段墙体大多因地制宜，多依山险而建，只在关口地段建有片石垒砌的墙段。紫荆关城外城墙沿线建有四座小的城堡：小金城、小盘石城、奇峰口城、官座岭城。

城墙旁已成为当地百姓的家园

紫荆关景观

居庸关关沟

2. 紫荆关附近景观

紫荆关作为险关要隘，除自身独特而严谨的设计外，更依赖于其独特的地理位置及与之相应的地理环境和相应的防御设施的配合。因此，要了解紫荆关在历史上的独特地位及由此带来的历史影响，很有必要进一步认识紫荆关周围的环境及相关的历史事件。

（1）居庸关

居庸关位于北京市西北部,同紫荆关、倒马关一起称为内三关。它们坐落在一条长约 40 里的沟谷之中，这条沟谷就是著名的"关沟"，因为居庸关城设址于此，故

居庸关长城上的烽火台

紫荆关景观

此得名。无论在古代还是现代，关沟都是交通要道，它是北京通往宣化、大同、内蒙古等地的必经之路。此外，关沟两边都是高山耸立，峭壁陡不可攀。正是这种险要的地形地势，决定了居庸关的设关位置。居庸关是明代万里长城中久负盛名的雄关之一，它的整个关城都位于"关沟"的中部，东面连接着翠屏山，西面则是金柜山，南边是南口，北边则是闻名遐迩的八达岭长城。南北两座雄伟高大的城楼将关城的城墙连成一体，城楼上高高地挂着一块写有"天下第一雄关"的牌匾，关城就在关沟这种雄险的地势之中，扼控着南下北京

居庸关城门

紫荆关

的通道。古代的军事家也称这里是"控扼南北之古今巨防"。走进居庸关关城内，庙宇、署馆、亭坊、仓房等等，层叠有形、错落有致，这是先人给我们留下的宝贵文物，它们见证了历史，而它们的遗迹则成为历史的缩影。山下城楼古色古香，古典之风浓郁，进入其中仿佛回到了古代。居庸关两旁及其附近层峦叠嶂、绿树成荫、红叶似火，这里既古朴典雅又不失大方，雄伟奇险而又美丽无限。

（2）倒马关

长城"内三关"之一的倒马关，又名"常山关""鸿上关"。倒马关位于太行山东麓，河北唐县西北60公里，背靠唐河，北临内

紫荆关景观

长城。东南为险要的十八盘岭。据《畿辅通志》记载，倒马关因山路险峻，马匹走在上面有可能跌倒而得名。自古以来，倒马关就为战略要地。据《后汉书》记载，建武十五年（39年），匈奴犯汉北部边境，东汉政府迁徙雁门、代郡、上谷三郡居民于常山关（倒马关）、居庸关以东地方居住，防止匈奴的侵扰，由此可见倒马关的屏障作用。倒马关处于一条古老的通道上，这条道称为"灵丘道"。《魏书·高祖纪》载："太和六年（482年），调集州郡五万人修治灵丘道。"灵丘道北起平城（山西大同市东北），南越恒山，自灵丘以下，略

倒马关一角

紫荆关

居庸关长城

紫荆关景观

循今唐河谷道出太行山，南抵中山（今河北定县），是当时山西高原北部通向华北平原的交通要道，倒马关就是这条道路上的重要关隘。

明朝马中锡《倒马关诗并序》中说："关有两山对峙，其路极险，相传杨六郎到此马踣，故名。"后人为纪念杨延昭（六郎）镇守三关的功绩，于明正德十五年（1520年），在倒马关城西3公里的马圈山上修建了"六郎碑"。碑通体高1.8米，宽60厘米，为汉白玉石雕琢而成，碑额抹角及

倒马关景区

紫荆关

荆轲塔

两边雕云纹花边图案。碑文为："宋将杨六郎拒守之处。"杨延昭是并州（今山西太原）人，宋真宗时为保州（今河北保定）缘边都巡检使，后因与辽兵作战有功升为保州防御使。杨延昭在边防镇守 20 余年，辽兵甚为畏惧，千百年来，许多文人学士到倒马关凭吊六郎，称颂吟怀杨六郎威镇边关的不朽业绩。

（3）荆轲塔

荆轲塔又称圣塔院塔，位于易县易州镇荆轲山村西的荆轲山上，是河北省重点文物保护单位之一。古塔始建于辽乾统三年（1103年），明万历年间及清康熙、乾隆年间均进行过修葺。现在塔旁还存有记述当时重修状况的石碑，塔东侧原建有圣塔院寺，现仅保留些遗迹。据县志记载，塔西侧土丘为荆轲衣冠冢，荆轲馆也建于此地，这些又给古塔增添了悲壮的故事，美妙的传说。

"风萧萧兮易水寒，壮士一去兮不复还"。战国时，紫荆关乃燕赵两国边界，是中原诸国进入太行的主要道路，关口西方即是被称为"虎狼之国"的秦国。秦国势力日强，燕国危在旦夕，为国之安定，燕太子丹派荆轲谋刺秦王，当时荆轲就是在这个地方出发的，燕太子丹亲自到易水边送别。易水是拒马河的支流，距紫荆关不远。荆轲携带着秦逃亡将军樊於期的头和燕国的地图去见秦王，为的是博取秦王的信任。不想"图穷匕首见"，刺秦王不成，反而被杀。据说，燕太子丹为纪念让荆轲提自己的头去见秦王的英雄樊於期，在荆轲的故里易县血山村后面的小山岗上修了一座三层四棱的半截古塔，俗称"樊於期塔"，又叫"镇陵塔"。此塔现在尚存，不过是后人重修的。离血山村不远，在易县西南约5公里的荆轲山上有一座高13层的六棱古塔，人们叫做"荆轲塔"。此塔

荆轲塔

紫荆关

始建于辽代，明万历年间重建。在原荆轲
山上立有一块"荆轲故里碑"，后来移到
血山村的荆轲馆舍附近，至今仍在。汉代
司马迁在《史记》中说："自古燕赵多慷
慨悲歌之士。"此言置于荆轲身上，再合
适不过了。至今，荆轲塔游人如织，人们
纷纷来到塔前来瞻仰这位壮士，感受那来
自千年之外的激烈情怀，此情此景，又有
谁能不心潮澎湃？

（4）清西陵

在紫荆关东面的永宁山下，即是闻名
中外的清西陵景区。那里景色雄浑壮丽，
埋葬着雍正、嘉庆、道光和光绪 4 位皇帝
以及他们的后妃、皇子、公主等共 80 人。
陵园内红墙黄瓦、石阶玉廊，整个陵区庄
严华贵，气势恢弘。除此之外，西陵还有
十大美景，如易水寒流、奇峰落照、华盖

清西陵牌坊

紫荆关

狼牙山壮士塔

烟岚、伏山捧日等，皆雄浑壮观、秀媚多姿。中国古人历来讲究风水，清皇室选择此地作为墓陵，也看得出紫荆关依山傍水、扼守咽喉之重要的战略位置。

（5）狼牙山烈士塔

紫荆关南面不远为"狼牙山"，狼牙山及周围地区乃抗日时重要的敌后战场。著名的"狼牙山五壮士"的故事就发生在这里。1941年秋，日寇三千余人向这里进犯，我军主力部队转移到外线作战，只留下少数部队在狼牙山一带坚持战斗、牵制敌人。经过激烈而残酷的战斗，只剩下马宝玉、葛振林、胡德林、胡福才、宋学义五人。在敌众我寡

狼牙山

的情况下，他们仍坚守阵地，多次击退敌人的冲锋，最后弹尽路绝之时，就用石块与敌军作战。敌军蜂涌而上，他们砸断武器、宁死不屈，纵身跳下悬崖。马宝玉等三人壮烈牺牲，葛振林和宋学义负重伤脱险，得以幸存。1942 年 4 月，晋察冀军民为纪念五壮士英勇事迹，在狼牙山上建立了烈士塔，即狼牙山烈士塔。但后来在日本的扫荡中，又被日军摧毁。解放后，狼牙山烈士塔于1958年得以重建。今日，狼牙山五壮士的故事已成为家喻户晓的悲壮传奇，烈士塔下的瞻仰也成为许多人紫荆关之行的重要行程。

北武当山

（6）紫荆关村

作为长城内重要的关隘及进入中原的咽喉，每每战事一起，紫荆关周围的村镇常常遭殃。在紫荆关东北方向，过了拒马河有一个叫紫荆关村的地方，紫荆关村是一个古老的村子，当地村民说，紫荆关村已有两千多年的历史了，因为是军事要塞，从前关城中只有驻军，老百姓都是散住在关城之外的。直到抗日战争爆发后，才陆续有乡亲搬进城中。紫荆关村不但有着悠久的历史，还有着秀丽的风光。经历千年战火的古村，卸下重重的战甲时，一场春雨便给这个古老的村庄披上了美丽的外衣。关城所在的紫荆岭上，每逢夏季，漫山遍野长满了紫荆，宛若一块巨大的紫绸，异常壮观。

（7）北武当山

紫荆关整个关城的修建是以真武山为中心的。真武山即为现在的北武当山，它位于山西省吕梁地区方山县境内，古称龙王山，又名真武山，明代修复玄天大殿后，根据"非玄武不足以当之"之意，更名为武当山，因其位于

北武当山为国家级重点风景名胜

北方，故称为北武当山。这里既有赏心悦目的自然景观，又有历史久远的人文景观，是我国北方著名的道教圣地。1994年1月被国务院公布为国家级重点风景名胜。

现在的真武庙已没有了往日气势恢弘的大殿，只有无数碎砖破瓦和一座空荡荡的地基，陪伴它们的还有无尽的荒草。抗日战争时期，日寇来到紫荆关，将真武庙中的珍贵文物洗掠一空，然后一把火烧毁了庙宇。据说那场大火整整烧了半个月！偶尔在荒草中会发现一个石头碑座，还有半块残破的碑身横倒在不远的地方，上面可以很清晰地看到刻有钦差某某的字样，

北武当山是我国北方著名的道教圣地

北武当山主峰四周几乎都是陡壁悬崖

紫荆关景观

天台山景区风光

这些都见证了往昔那不堪回首的历史……

（8）天台山景区

天台山景区位于关城东 12 公里处的天台山，景区面积约 4 平方公里，海拔 880 米，夏季平均气温为 28℃，比平原地区低 5℃左右，植被覆盖率 98%。1842 年，美国和德国的牧师、大夫、修女在此建造了别墅，因此人们习惯称之为外国山。现在仍有美、德牧师居住过的遗址和用过的水井等。这里有原始森林，古树参天，四季均可游览。景区开设了 15 家农家旅馆，可以举办篝火晚会、烧烤、跑马等项目。

四 紫荆关上的主要战事

紫荆关平浪宫

　　素有"畿南第一雄关"之称的紫荆关，在大一统王朝较为安定的时期，这一带成为内地与外界进行经济文化交流的重要通道。蒲阴、飞狐等陉是当时非常重要的交通线，譬如北魏孝文帝在迁都洛阳之前，从国都平城(今山西大同)到中原多走此线。在紫荆关考古发现的各种钱币可以很明确地说明这一点。

　　然而一旦北方少数民族政权与中原政权发生对峙或战争时，此处便成了战略地位非常敏感的兵家必争之地。历史上许多

居庸、紫荆二关并为畿辅咽喉

著名的战事与紫荆关有着密切的联系。史载这里曾发生战争达140多次。虽然在明成祖迁都北京后，居庸关成为进入北京的北大门，成为抵御来自北方异族入侵的重要屏障。但历史证明，紫荆关在捍卫京城安全方面处于居庸关不可替代的战略地位。明将于谦曾说："险有轻重，则守有缓急，居庸、紫荆并为畿辅咽喉，论者尝先居庸、而后紫荆，不知寇窥居庸其得入者十之三，寇窥紫荆其得入者十之七。"《畿辅通志》称："控扼西山之险，为燕京上游路，通宣府、大同。山谷崎岖，易于戍守。"有"一夫当关，万夫莫

崖壁翘矗，状如列屏，为易州之巨防

开"之险。明清之际的思想家顾炎武在《天
下郡国利病书》中说得更明白："居庸则
吾之背也，紫荆则吾之喉也，猝有急则扼
吾之喉而附吾之背。"意思就是说居庸关
是明朝的"背"，而紫荆关则是"喉"，
明清方志称此处为"崖壁翘矗，状如列屏，

紫荆关明清古街上的禹王宫

为易州之巨防"。历史上的许多战例，说明这个论断是正确的。可见，在历史上紫荆关的军事地位是何等重要。也正因为其为咽喉要道，故其必然是各朝各代兵家必争之地。下面就介绍一下历史上发生在紫荆关及其周围的

紫荆关上的主要战事

荆轲刺秦画像石

主要战争。

（一）战国

紫荆关所在的易县，有许多历史古迹。战国时燕太子丹派荆轲谋刺秦王，就是从这里出发的。燕太子丹亲自到易水边送别，易水是拒马河的支流，距紫荆关不远。荆轲携带着秦逃亡将军樊於期的头和燕国的地图去见秦王，为的是博取秦王的信任。不想"图穷匕首见"，刺秦王不成，反而被杀。据说，燕太子丹为纪念让荆轲提自己的头去见秦王的英雄樊於期，在荆轲的故里易县血山村后面的小山岗上修了一座三层四棱的半截古塔，俗称"樊於期塔"，又叫"镇陵塔"。此塔现在尚存，不过是后人重修的。离血山村不远，在易县西南约5公里的荆轲山上有一座高13层的六棱古塔，人们称为"荆轲塔"。此塔始建于辽代，明万历年间重建。在原荆轲山上立有一块"荆轲故里碑"，后来移到血山村的荆轲馆舍附近，至今尤在。汉代司马迁在《史记》中说："自古燕赵多慷慨悲歌之士。"大概说的就是他们这类英雄吧！

（二）秦汉

由于西汉以来汉匈民族问题并未得到真正解决，东汉建国初期，北方关外的匈奴、

荆轲塔

紫荆关上的主要战事

西北诸羌以及西域各族、东北的乌桓与鲜卑，还有南蛮、西南夷等少数民族，对东汉政权构成了或大或小的威胁。边防问题成为汉光武帝刘秀安邦定国的首要问题之一。光武的边防政策及其措施因此而展开。

据《后汉书·乌桓传》记载，东汉建国以来，"居止近塞"的乌桓与匈奴"连兵为寇"。建武二十一年，东汉大将马援率领三千骑兵经紫荆关（当时称为五阮关）出关欲痛击乌桓，但事与愿违，三千骑兵反为乌桓所败。建武二十二年，因为匈奴作乱，乌桓乘势攻破五阮关。匈奴人向北迁徙数千里，漠南地区就空了出来，乌桓

汉光武帝刘秀像

紫荆关

100

紫荆关长城

乘机占据了此地，成为当时东汉北境新的威胁。最终，刘秀不得不"乃以币赂乌桓"，才促进了双方关系的发展，用金钱妥协的方式换来暂时的和平共处岂能长久？整个东汉时期，外族的侵入与汉王朝的反击从未间断过，这也许是当时修建紫荆关最为直接的原因吧！也正是由于这样，紫荆关对中原的守护之地位愈加突显。

（三）唐朝

唐朝国力强盛，并与边疆民族修好，战事较少，但和平时期紫荆关的战略地位置仍很重要。作为太行八陉之一，它是中原人民与边疆民族经济与文化交流的重要通道。史

元太祖铁木真像

料记载,当时的紫荆关人丁兴旺、集市繁荣。在紫荆关城中发现的各种钱币足以证明这一点。这时的紫荆关成为了联通内外的经济与文化上的枢纽。

(四)南宋

史书记载:"宋宁宗嘉定六年,蒙古攻居庸,金人据守,不能入,元主乃出紫荆关,败金人于五迥岭……"即元太祖成吉思汗攻打居庸关时,由于金兵凭借着居庸关那种"一夫当关,万夫莫开"的险要地势,使得元军久攻不下。苦恼之中的成吉思汗突然抽出主要兵力挥师南下,一举攻克了紫荆关,然后攻取涿、易二州。又从长城里侧向外反攻居庸关,形成对金的内外夹击,居庸关终被攻克。成吉思汗因而灭了金国。从此,蒙古铁骑如一泻千里的溃堤洪水,势不可挡,最终驰马中原,一统天下。两宋时期,国家积贫积弱,军力日衰,边界之上,始终不能摆脱战事的困扰,而且常为边疆各族所败,损兵折将不说,还劳民伤财,得不偿失。

(五)明朝

明朝时期,由于受退回漠北的元朝势力的威胁,明正统十四年(1149年),蒙

明英宗朱祁镇像

清西陵

紫荆关

明长城

古族瓦剌部汗也先率军分兵四路对明长城沿线发起强攻，进犯北京，曾攻打过紫荆关。明英宗欲效仿其祖父朱棣，追击瓦剌人时，却在河北延庆外的土木堡被也先大军活捉了，然后也先挟持英宗从大同南下，直奔紫荆关而来。瓦剌兵攻克紫荆关之后，长驱直入，一口气打到了京都的西直门外，挟英宗威胁明廷。但明皇室景帝继位，遥尊英宗为太上皇，挫败了也先的阴谋。可是正在此时，叛变明朝的太监喜宁向也先献计说：现在紫荆关一带守备空虚，不如乘机叩关，假装奉

紫荆关上的主要战事

明长城遗址

皇上还京，令守吏开关相迎，乘势入关，直逼京城，明廷一定会向南迁移，那么燕京就为我们所有了。也先采纳了喜宁的建议，拥着英宗率兵向紫荆关进发，途中打败了明军，并杀死通政使谢泽。当瓦刺军抵达紫荆关下时，也先假传上皇谕旨，命守备都御史孙祥、都指挥韩青接驾。孙、韩二人不知是计，只率一千骑兵出关接驾，遭也先部队包围。孙、韩二人强行突围不成，自刎而亡，明军大败。也先遂率兵入关，直抵北京城下，差一点灭掉明朝，多亏兵部左侍郎于谦临危不惧，率领部队加紧巡

紫荆关

逻，严密防守，并调集援兵坚守，寻求机会反攻。最终，瓦剌兵见攻下京都希望渺茫，又害怕长城沿线被官军封锁，切断了退路，于是又挟持着英宗经紫荆关返回长城以北。明嘉靖三十三年（1554年），蒙古鞑靼部俺答汗又率骑兵从大同南下，急攻紫荆关，为明军所败。

据说明末农民起义军首领李自成，也曾在紫荆关大举战事，攻陷关城，俘获关城守将丁启宗。但要明确的是，李自成起义军进入关内威逼北京城，是取道关沟的石匣关入关的。

（六）清代及以后

明长城

紫荆关上的主要战事

到了清代，关城已属腹地。同其他长城边关一样，紫荆关在戍边上的地位有所下降，但实际的军事地位并未减弱。清圣祖玄烨曾两次西巡，均驻跸紫荆关检阅军校，紫荆关南天门曾立有"天子阅武处"碑，即为康熙西巡时所留。紫荆关在捍卫京城的安全方面，有着举足轻重的战略地位。

进入近代后，紫荆关及其周围的战事愈加频繁。史书记载"清光绪二十六年，八国联军据关东高峰以大炮复攻关城""民国十五年，吴佩孚讨赤军与国民军战于紫荆关"等。以上战例都足以证明自古至今，紫荆关在军事上有着举足轻重的地位。下面择

收复长城要隘紫荆关

紫荆关上的主要战事

易涞战役

其一二仔细说之。

1. 抗日战争：易涞战役

　　1938 年 3 月至 4 月，八路军晋察冀军区部队在河北省易县、涞源县间发动对日军的进攻战役。1938 年 3 月中旬，易县日军步兵第 14 联队，经紫荆关进攻涞源，企图打通易（县）涞（源）公路，分割和封锁晋察冀根据地，阻止八路军向平（今北京）西地区发展。晋察冀军区以第 1 军分区和第 3 军分区部队各一部，在地方武装配合下，依托山区有利地形，采取游击队广泛袭扰与主力部队机动出击相结合的战术，反击日军进攻。21 日，日军从易县一出动即遭游击队和便衣队阻击、侧击和尾击，

伤亡 100 余人。日军攻占紫荆关后，又出动主力 500 余人进占王安镇。3 月 25 日拂晓，第 1 军分区两个团出其不意，突入该镇，经 2 小时激战，毙伤日军 400 余人。26 日，日军增兵 2300 余人，进占涞源。军区遂以一部兵力在地方武装配合下，展开游击战，袭击日军据点，破击交通线，伏击日军运输和抢粮部队。4 月 3 日至 10 日，军区部队在二道河、佟川、浮图峪 3 次伏击战中，共歼灭日军 300 余人。日军四处遭受打击，涞源孤城难守，于 11 日夜东撤，退至易县城。军区部队在追击中又歼其一部。易涞一役历时 20 余天，进行大小战斗 40 余次，毙伤日军

狼牙山五壮士石刻

1400余人，缴步枪230支、战马150匹。这次战役在抗战史上很是有名，因为它粉碎了日军再次打通涞易线的企图，彰显了民族精神，在抗战历史上浓重地写下了一笔。

2. 狼牙山五壮士

紫荆关南面为著名的狼牙山，"狼牙山五壮士"这一家喻户晓的悲壮故事就发生在这里。1941年秋，侵华日寇3000余人向这里进犯，我军主力部队转移到外线作战，只留下少数部队在狼牙山一带坚持战斗，为牵制敌人，为主力转移赢取时间。

狼牙山五壮士图

狼牙山

紫荆关上的主要战事

狼牙山五壮士纪念塔

狼牙山五壮士纪念塔

紫荆关

无数革命先烈用鲜血换来了抗日战争的胜利

经过激烈战斗，防御部队只剩下马宝玉、葛振林、胡德林、胡福才、宋学义5人。在敌众我寡的情况下，他们仍然坚守阵地，多次击退敌人冲锋。最后弹尽路绝，他们砸断武器，宁死不屈，纵身跳下悬崖。马宝玉等三人壮烈牺牲，葛振林和宋学义负重伤脱险。1942年4月，晋察冀军民为纪念五壮士英勇事迹，在狼牙山上建立了烈士塔。抗战中为日军破坏，战后得以重修。狼牙山五壮士之举，大振敌后军民气势，此悲壮之举，将永为国人所铭记。

紫荆关上的主要战事

狼牙山五壮士雕塑

狼牙山

　　紫荆关，这个承载了几千年历史的长城关隘，不知道发生了多少可歌可泣的悲壮历史故事，成就了多少英雄帝王的雄心霸业。回想我们多灾多难的中华民族，曾几何时为外族欺凌，多少百姓因国家贫弱而家破人亡，妻离子散。国者，唯有自强方可自保。所以正如《孙子兵法》所言："兵者，国之大事，死生之地，存亡之道，不可不察也。"

紫荆关